O PEQUENO PRÍNCIPE
DE FRIEDRICH NIETZSCHE

Catalogação na Fonte
Elaborado por: Josefina A. S. Guedes
Bibliotecária CRB 9/870

S232p
2019
	Santana, Zionel
	   O pequeno príncipe, de Friedrich Nietzsche / Zionel Santana. - 1. ed. - Curitiba: Appris, 2019.
	   61 p. ; 21 cm
	
	   Inclui bibliografias
	   ISBN 978-85-473-3248-8
	
	   1. Filosofia. I. Título.

CDD - 101

Editora e Livraria Appris Ltda.
Av. Manoel Ribas, 2265 - Mercês
Curitiba/PR - CEP: 80810-002
Tel: (41) 3156 - 4731
www.editoraappris.com.br

Appris
editora

Printed in Brazil
Impresso no Brasil

ZIONEL SANTANA

O PEQUENO PRÍNCIPE
DE FRIEDRICH NIETZSCHE

Editora Appris Ltda.
1.ª Edição - Copyright© 2019 dos autores
Direitos de Edição Reservados à Editora Appris Ltda.

Nenhuma parte desta obra poderá ser utilizada indevidamente, sem estar de acordo com a Lei n° 9.610/98. Se incorreções forem encontradas, serão de exclusiva responsabilidade de seus organizadores. Foi realizado o Depósito Legal na Fundação Biblioteca Nacional, de acordo com as Leis nos 10.994, de 14/12/2004, e 12.192, de 14/01/2010.

FICHA TÉCNICA

EDITORIAL	Augusto V. de A. Coelho
	Marli Caetano
	Sara C. de Andrade Coelho
COMITÊ EDITORIAL	Andréa Barbosa Gouveia (UFPR)
	Jacques de Lima Ferreira (UP)
	Marilda Aparecida Behrens (PUCPR)
	Ana El Achkar (UNIVERSO/RJ)
	Conrado Moreira Mendes (PUC-MG)
	Eliete Correia dos Santos (UEPB)
	Fabiano Santos (UERJ/IESP)
	Francinete Fernandes de Sousa (UEPB)
	Francisco Carlos Duarte (PUCPR)
	Francisco de Assis (Fiam-Faam, SP, Brasil)
	Juliana Reichert Assunção Tonelli (UEL)
	Maria Aparecida Barbosa (USP)
	Maria Helena Zamora (PUC-Rio)
	Maria Margarida de Andrade (Umack)
	Roque Ismael da Costa Güllich (UFFS)
	Toni Reis (UFPR)
	Valdomiro de Oliveira (UFPR)
	Valério Brusamolin (IFPR)
ASSESSORIA EDITORIAL	Bruna Fernanda Martins
REVISÃO	Andrea Bassoto Gatto
PRODUÇÃO EDITORIAL	Lucas Andrade
ASSISTÊNCIA DE EDIÇÃO	Suzana vd Tempel
DIAGRAMAÇÃO	Bruno Ferreira Nascimento
CAPA	Eneo Lage
COMUNICAÇÃO	Carlos Eduardo Pereira
	Débora Nazário
	Karla Pipolo Olegário
LIVRARIAS E EVENTOS	Estevão Misael
GERÊNCIA DE FINANÇAS	Selma Maria Fernandes do Valle

Aos deuses, por nos levar à prova todos os dias pela serpente.
Há loucos que são gênios, e há gênios que são loucos.
Então, pergunto à minha loucura, o que fazer com a minha genialidade?

Velai sobre nós uma prece, e como os anjos, vinde nos abençoar!

Lentamente, calmamente, desvinculamos do fio da vida.
Do cloto que nos tecera nove luas, no mais profundo abraço.
Vislumbramos cores, cheiros, sons, imagens do que nos espera.
Tecer à vida com o fio frágil, suave, delicado, mas como se fosse aço.

Que as moiras nos permitam que esse fio não seja ceifado.
Paire sobre as nossas cabeças, o fio mais belo e reluzente.
Que o meu destino por Láquesis ainda esperado, seja guiado.
Entrelacemos fios nos teares da vida, que recebemos de presente.

Que Átropos apraze por muito, mas por muito tempo a sua visita.
A minha vida, e outras vidas quão possíveis lentamente quero tecer.
Amores, flores, bela noite admirando ao seu lado o encantamento da lua.
Entrelaçar os fios a outros fios como às pernas que bailam até o amanhecer.

Se EU pudesse explicar a minha loucura, não seria loucura![1]

---
[1] Nietzsche.

Menos um minuto,
As pupilas dilatam.
Os pulmões inflam,
O coração acelera.

O escutar será a minha sina.
O falar o meu castigo,
O escrever o meu perdão.

A minha vida será como um pêndulo,
Nunca no centro...
Um relógio, oh! Não terei,
Nem o tempo para escrever.

Vida breve, vida pouca!
As mãos estão trêmulas...
Suadas, pálidas e cálidas!

Em cada poro, sincroniza
A exaustão do que me consome todos os dias,
Pensar para aliviar a dor...

Muita luz! Muito silêncio!
Tudo é muito, muito branco, muito vermelho,
Pouco líquido, pouco sólido, pouco ar!
Tudo é muito! Muito é pouco para pensar.

PREFÁCIO

A Edgar Le Grand

A criança adormecida faz sepultar a consciência. Quando acorda, ela nos tira a paz!

O tempo de espera nem sempre é um tempo perdido. Acredito ser uma das diversas reflexões que Zaratustra retira do Pequeno Príncipe. Há momentos em que esperar nos possibilita ver o mundo adverso em outro ritmo. Algo tão necessário em um mundo em o que é real e tem algum valor, aquilo que vai rápido e pode ser pego com ambas as mãos. É o que nos apresenta à modernidade. Tudo é sólido, tudo é irascível, uma agitação frenética dos tempos modernos que se transpôs à nossa existência. Quanto mais barulho, melhor. A nossa mente e o nosso coração podem ser comparados a uma lata vazia que, ao ser golpeada, faz muito barulho!

O vazio da modernidade e o deserto de Zaratustra e o do Pequeno Príncipe são diferentes. O segundo produz um silêncio, isso quer dizer que nos leva a reflexões. O tempo é perceptível no pulsar do coração. Para Zaratustra, o deserto nos leva a tomar consciência da nossa angústia, um reencontro com o nosso projeto existencial que não se cala, nunca. No deserto de Zaratustra nos encontramos nus diante da nossa inautenticidade. Já no deserto do Pequeno Príncipe, ele insiste na atitude de recuperar um sonho perdido da humanidade, acredita ser possível recuperar tal projeto existencial como fuga à nossa inautenticidade. De certa forma, o deserto nos leva ao thaumazem, ao estupor ontológico ou, como sugeria Sócrates: "Prestar atenção", "Admirar". Foi assim que nasceram a Filosofia, a Astronomia. Não é por acaso que dos desertos e das montanhas temos as reflexões mais fecundas da humanidade. O simples ato de reclinar a cabeça sobre uma pedra à noite com o céu estrelado, no silenciar que só um deserto pode produzir, levou-nos a admirar as estrelas, os astros, o belo que se apresenta na plenitude do silêncio; nasce aí a Astronomia. Subir ao topo de uma montanha e observar a cidade, nascem aí a Filosofia e a Política. Observe que nos ensina Sócrates que quando começamos a admirar nasce o diálogo, seguem as perguntas e as respostas para as nossas angústias existenciais. Entramos em um processo dialético, entre o eu e o mundo, ser e o não ser. Tomamos consciência da verdade, do sophos. Essa é a grande questão da modernidade: a falta de admiração. Não prestamos atenção no que está aí, o que salta aos nossos olhos; dasein. E o mais triste ainda, está por vir a partir das reflexões socrateanas: o admirar exige amor, isto é, só admiramos aquilo que amamos. Não é um princípio cristão esse ensinamento? "Car où est ton Trésor, lá será aussi ton coeur".[2]

Certo dia, um pai bate à porta da casa de Sócrates e lhe apresenta o seu filho para ser o seu futuro aprendiz de Filosofia. Sócrates repreende o pai e diz que não poderia ensinar-lhe Filosofia. O pai, desapontado com Sócrates, questiona-o. Responde-lhe Sócrates: "Eu não posso ensinar Filosofia ao seu filho, pois ele não a admira. Não se pode conhecer aquilo que não se tem admiração. Para aprender FILOSOFIA é essencial que se aprenda a dialogar. Meu caro, só dialogamos com aquilo que admiramos. O resto é conversa". Não é a denúncia de Zaratustra ao descer da montanha e ir ao mercado. Há muito falatório e pouco diálogo!

A ausência do diálogo leva à morte. Matamos quando deixamos de admirar, deixamos de amar. Os homens ficaram escandalizados com a denúncia do profeta: "*Deus está morto! Deus permanece morto! E quem o matou fomos nós! Como haveremos de nos consolar, nós, os algozes dos algozes? O que o mundo possuiu, até agora, de mais sagrado e mais poderoso, sucumbiu exangue aos golpes das nossas lâminas. Quem nos limpará desse sangue? Qual a água que nos lavará? Que solenidades de desagravo, que jogos sagrados haveremos de inventar? A grandiosidade*

---
[2] Mateus, 6:21.

deste ato não será demasiada para nós? Não teremos de nos tornar nós próprios deuses para parecermos apenas dignos dele? Nunca existiu ato mais grandioso e, quem quer que nasça depois de nós, passará a fazer parte, mercê deste ato, de uma história superior a toda a história até hoje!".[3] Não matamos só a Deus. Há mais mortes que produzimos todos os dias e nem tomamos consciência delas. Há sempre a necessidade de um profeta descer da montanha ou nos levar ao deserto para nos apresentar às mortes que produzimos todos os dias. Pense nisto Le Grand: quantos profetas serão necessários para denunciar as mortes que provocamos na nossa vã existência?

Prof. Dr. Francisco de Assis Carvalho

---

[3] NIETZSCHE, Friedrich. *Ainsi parlait Zarathoustra. Euvres philosophiques completes.* v. IV. Paris: Gallimard, 1971.

Recebi em minha caixa de correios um envelope pardo no inverno passado. Não dei muita importância, pois não conhecia o remetente. Coloquei-o sobre a última prateleira da minha estante. Normalmente, são os livros que dificilmente manuseio, uma questão de praticidade para o meu trabalho. Esse pacote permaneceu lá por quase um ano, até que no final do verão de 1887, um aluno negro de sotaque francês, alto, espevitado e de olhos castanho, abordou-me no corredor da universidade e inquiriu-me se eu teria recebido a sua encomenda no verão anterior. Espantado, eu lhe respondi que não sabia do que se tratava. Ele insistiu que havia me enviado no verão anterior um livro para a minha apreciação e há um ano aguardava ansiosamente a minha resposta. Já que no verão seguinte seria meu aluno em Filologia, gostaria muito de ler e debater as minhas impressões sobre o livro que me enviara.

Sem dar-lhe muitas esperanças, disse que iria verificar com a minha governanta sobre o paradeiro do envelope. Bem sei que não tenho nenhuma governanta, mas foi a maneira de arrumar uma desculpa pelo meu esquecimento.

Depois de mais de um dia exaustivo de aula na Universidade de Basileia, ao chegar em casa encontrei o envelope esquecido, há mais de um verão, na última prateleira da minha estante, todo empoeirado. Peguei-o com cuidado para que o pó não se espalhasse na minha pequena biblioteca, que fica no sótão, lugar de pouca ventilação. Virei de um lado calmamente, para o outro, com as pontas dos dedos como se fosse uma pinça, pois o pó impedia de ler com clareza o remetente. Desci vagarosamente e fui até a cozinha. Revirei a última gaveta na parte de baixo e entre os panos velhos encontrei uma flanela. Pus-me no quintal, posicionando-me contrário à corrente de ar para espaná-lo. Apresentava uma cor envelhecida por causa do acúmulo do pó. Pela minha surpresa, de fato lá estava: Edgar Le Grand. Nunca imaginaria que seria um negro, francês e falando alemão. Provavelmente, oriundo das colônias africanas. Esse era o seu nome, o jovem com quem eu conversara na universidade na parte da manhã.

Abri cuidadosamente o envelope e, de fato, um livro em francês, com o seguinte título: *Le petit príncipe*, de Antoine Saint-Exupéry. Não conhecia o auto e muito menos o livro. Parecia-me um texto endereçado a crianças pelas ilustrações que vi nas primeiras páginas folheadas. Não estou com tempo para lê-lo e acredito não merecer o meu empenho em riscar algumas linhas. Perdoe-me, meu futuro aluno, Edgar Le Grand.

No dia seguinte o coloquei na terceira prateleira. São os livros que tenho a intenção de, algum dia, ler. Faço isso sempre no inverno, com o rigor do frio, pois as atividades na universidade são suspensas. Aí, tenho tempo para devaneios e leituras despretensiosas.

Neste inverno de 1887, acamado havia alguns dias, com uma tosse que parecia que não me abandonaria antes do término do inverno, por recomendações médicas deveria manter-me bem aquecido e evitar sair do meu quarto. Os meus dias se revezavam entre o meu quarto e a minha biblioteca. Foi aí que comecei o meu primeiro contato com a obra de Saint-Exupéry. Li-o em uma sentada, como se faz com aqueles livros que deixamos no banheiro para as visitas de inverno que nos presenteiam com sua longa presença. É uma forma de tirá-las do tédio. O banheiro é um bom lugar para realizar duas coisas importantes.

O mundo é um pouco maior do que a nossa casa, se for visto por fora, mas, por dentro, ela é infinitamente maior. Em nossa casa podemos realizar viagens sem sair do lugar; no meu caso, é a minha biblioteca. Viagens que faço em alguns metros quadrados. Ao sul, tenho a minha janela, pela qual vejo as pontas das montanhas, que mudam em todas as estações. E a beleza do jardim; ao norte, a floresta densa e compacta; e a leste, todos os dias o sol vem me acordar e aos personagens que adormecem em cada livro das minhas prateleiras. São amigos, meus amigos! Tales de Mileto, Anaximandro, Schopenhauer, dentre muitos, conselheiros das noites vazias, mestres e confidentes das minhas loucuras. Em frente à minha escrivaninha tenho um quadro pintado pelo meu amigo, Jacob Burckhardt, que recebi de presente. Não é uma obra de arte. É pouco expressivo, não consigo enquadrá-lo em nenhum movimento artístico. Mas essa é a beleza do quadro. Ele é puro. Cada pincelada tem um traço da sua emoção. Normalmente, todas às sextas-feiras, liturgicamente, reunimo-nos para apreciarmos um bom vinho de uma boa safra. Lógico, acompanhado por Dioniso divagamos sobre o mundo como representação da vontade, pois é a única possibilidade de ser livre. Aprendi com Dioniso que é preciso muito caos interior para parir uma estrela dançante. Em uma dessas reuniões, coloquei sobre discussão o que estava escrevendo sobre o livro de Saint-Exupéry. Muito do que escrevo aqui são sugestões e observações de Burckhardt e Dionísio.

A verdade nem sempre vem revestida de beleza e de luz. Por isso, cada pessoa escolhe quantas verdades consegue suportar. Engana-se quem assim a espera. Aliás, ela é sempre mal recebida por ser verdade, pois não há beleza e luz na verdade. A verdade insiste em permanecer, daí a bela compreensão grega sobre a verdade, aquilo que não se esquece. Caprichosamente, ela insiste em permanecer pelos séculos e séculos a nos incomodar. Assim não conseguimos escondê-la, tampá-la, ocultá-la, ofuscá-la. Ela sempre insiste em ser. Ordinariamente, a verdade quer sempre um diálogo conosco. Ela é mansa, paciencioasa... Não tem a roupagem da violência, dos gestos da luz, do mundo e nem da fé. O que faz a verdade ser verdade é a sua insistência em despertar a nossa consciência todos os dias.

O Pequeno Príncipe insiste em permanecer entre nós, como Áquila, que não vai embora mesmo na nossa velhice. Ele nos visita todos os dias, há muito tempo, e sempre nos faz perguntas que não queremos responder; e se respondêssemos, deixaríamos de ser o que temos, e o que temos é o que nos define e não o que sentimos. Queremos sempre esquecer o que somos e apagar as lembranças, memórias e cicatrizes. É triste esquecer o que somos. O recomeçar é sempre uma tentativa de esquecer as nossas emoções, a delicadeza, a espontaneidade... Aliás, é a cura do século. Tenho as minhas dúvidas de que Pavlov e Freud concordariam. É por isso que envelhecemos.

    O fato de ser criança não as esquivam dos dramas existenciais, dos conflitos. A diferença é que eles são vistos em outro ponto de vista, o da simplicidade. Permanecer criança é uma escolha que fazemos todos os dias. É como cultivar plantas boas e ruins: ambas estão no mesmo solo e requerem cuidados. Bem, as plantas ruins se desenvolvem melhor quando malcuidadas. Elas crescem mais com o nosso desleixo e descuido, diferente das plantas boas. O nosso desleixo e descuido as mata um pouco a cada dia, enquanto as más só crescem. Por isso é importante aprender a arte da jardinagem, o mais cedo possível, para não envelhecermos tão cedo.

Retornei ao meu repouso e sem nenhuma pretensão comecei a rabiscar as primeiras linhas sobre a minha leitura sobre o livro de Saint-Exupéry. Tentei, no primeiro momento, entender o que levaria alguém a escrever uma obra com aquela estrutura, compreendo, é claro, que é uma obra de literatura infantil, com uma linguagem simples. Engana-se quem acha que há neutralidade em um texto. Não é função do autor revelar as suas intenções em seus textos; deixamos subtendido. Normalmente, deixamos essa tarefa aos leitores, para desvelar qual é a nossa real intenção ao escrever. Pois seria sem graça a leitura dos nossos textos sem esse desafio. Portanto tantos leitores de diferentes lugares e épocas chegam a conclusões diversas sobre o que escrevemos. Não será diferente com Saint-Exupéry. Cabe a mim, agora seu leitor, descobrir qual é a sua real intenção em seu texto. A melhor forma em descobrir isso é fazendo perguntas que espero que ele me responda. E adianto que as minhas perguntas não serão agradáveis, mas não posso fugir desse diálogo com o seu texto. Vou levá-lo à presença de Dionísio e veremos como ele o suportará. Caro Le Grand, segue, para o seu deleite mental, minhas impressões. Acredito que não o agradará, pois é um filósofo que escreve sobre esse livro, é um diálogo com a Filosofia. Não espere coisas dóceis, pois a Filosofia não agrada a ninguém. Ela tem, na sua essência, chatear-nos sobre a nossa paz, nossas certezas, nossa fé e, enfim, tudo. Engana-se quem acha que a Filosofia nos traz a felicidade. Ao contrário, é uma busca constante daquilo que não sacia nunca. Se fosse uma mulher, a Filosofia – e eu discordo dessa ilustração –, seduzir-nos-ia com os seus encantos. Essa imagem é falsa da Filosofia. Ela não se deixa dominar, coloca todos os dias à prova. Os insolentes que a tratam com descuido e desprezo e, tornam os medíocres, os arrogantes, inaptos à escuta e ao diálogo.

Eu tenho por suspeitas que sua obra *Le petit Principe*, Saint-Exupéry não tenha endereçado nem aos adultos e muito menos às criancinhas. Acredito que nas entrelinhas do seu texto ele faz uma crítica sutil à sociedade, principalmente àquele ideal de realeza engendrado em nosso subconsciente. Desconfio também que nessa obra ele faz uma crítica velada à monarquia como o modelo de constituição das nossas relações em todos os sentidos de reis, rainhas e súditos. Essa divisão hierárquica que separa as pessoas em nobres e não nobres, os que nasceram para servir e outros para serem servidos. Esse ideal de príncipe e princesa. Como filólogo e homem das palavras, eu vou chamá-la de uma sociedade da previsibilidade.

O mito da origem do universo, da physis e do homem, desde os pré-socráticos alimenta o dualismo entre a previsibilidade e a imprevisibilidade. Para nós é um desconforto mental pensar na origem das coisas, das que são enquanto são e das coisas que não são enquanto não são, dentro de um princípio da imprevisibilidade. Não encontramos uma lógica no imprevisível, perdemos a paz só de imaginar que o universo surgiu sem nenhuma causa, que ele é fruto da imprevisibilidade e, mais ainda, não há nenhuma relação entre causa e efeito. Diga-se de passagem, caro Le Grand, a escolástica que insiste em unir as duas coisas, já separadas por David Hume há muito tempo.

A imprevisibilidade não possibilita atribuirmos sentidos às coisas! Ou os sentidos das coisas estão nelas mesmas. A imprevisibilidade não permite criarmos paradigmas, ideais, estados, nações, religiões, educação, política, ética etc.

Dessa forma, a nossa subjetividade sobre o mundo não teria sequer alguma serventia. O desafio é compreender como as coisas são por si só! Mas nós as interpretamos, as coisas, à nossa maneira, como gostaríamos que elas fossem. O sentido das coisas está em nós. A imprevisibilidade coloca por terra todas as nossas certezas! Verdades! E seguranças. Edgar Le Grand, isso é tão forte que para fugir da imprevisibilidade criamos o futuro e o passado e anulamos o presente. Constituímos as nossas relações no passado, pela certeza da impossibilidade das mudanças.

Por isso somos históricos, somos implacáveis quando o passado não se manifesta no presente e não se perpetua no futuro. Boa parte das nossas mazelas surge daí. Nossas guerras, nossos conflitos, nossos amores, nossa política, nossa moral e a nossa justiça.

A imprevisibilidade e a previsibilidade das coisas, desde a antiguidade, os gregos descreveram guerras colossais entre os deuses, principalmente entre Dioníso e Apolo. O mito da criação tem esse dualismo. Enquanto Apolo representa a força criadora da previsibilidade, em que tudo tem um *têlos*, uma lógica, tudo tem um fim para o qual foi criado. Entendem assim, como um fundamento da nossa felicidade, que encontramos presentes em Aristóteles. A realização de um bem sem a prática da violência e da corrupção. Acredito que estamos equivocados ao constituir a previsibilidade como um paradigma. Le Grand, as narrativas da criação do mundo presentes nas religiões reproduzem nada mais, nada menos, do que a saga de Apolo. Na tradição judaico-cristã, por exemplo, a criação do universo é fruto de uma vontade do criador, que estabelece a ordem da criação hierarquicamente, uma após a outra, até chegar a sua obra-prima, o homem! Tudo tem um *têlos*. Ao criar, Deus diz por que criou e qual era a sua finalidade. "E Deus viu que isto era bom" – *"et Dieu vit que cela était bom"*. Deus reconhece o têlos em suas obras. Seria contrário à natureza divina criar o que não é bom? Do bem só pode vir o bem, essa é a reflexão agostiniana sobre a natureza de Deus e sua essência. Mas a frente, na narrativa da criação do homem, o seu *têlos* já está posto: que ele reine sobre toda a criação.

Esse *têlos* é tão forte que a nossa felicidade configura-se quando o realizamos. Dominamos as coisas, a natureza e as pessoas. É evidente que a ciência moderna nasce com essa inspiração, presente em F. Bacon, Newton e Galileu. Dominar a natureza para fazer crescer a ciência. A ciência é um exercício do poder do *dominus*.

Apolo é o deus da aparência do mundo interno e da fantasia. Isso nos chama atenção em especial, pois é sobre o mundo que cravo a Filosofia e tudo que é oriundo daí, um mundo imanente e uma transcendência para dentro. O mundo da aparência é o mundo que representa Apolo, e o mundo da existência é o mundo que representa Dionísio. Em Apolo temos o *principium individuationis*, do qual podemos obter o prazer e toda a sabedoria da aparência. Contrapondo a aparência temos a existência dionisíaca, que é fundamental para compreender o homem, a sociedade e suas manifestações culturais. Pois Dionísio representa a alegria, a força da imaginação, a liberdade.

    O homem tem essa perspectiva, em ser o artista e não ser a obra. Isso dá uma dimensão fundamental para o homem, uma dimensão apolínea e dionisíaca. O homem ocupa o espaço da subjetividade e da objetividade, do sujeito e objeto. Essa perspectiva coloca-o como referência da ação, do pensamento e do sentimento, isto é; a individualização, a interpretação sobre a aparência e a existência. A aparência e a existência são as contradições das coisas em si. Necessariamente, os filósofos da moral buscaram os fundamentos na aparência e não permitiam as contradições, o devir. Um dissenso, pois nem sempre conseguiram ir além das aparências. Quando nos referimos a Apolo temos a compreensão de uma divindade ética, que também exige suas medidas, mas essas medidas, ou leis, passam por uma individualização, um autoconhecimento, "um conheça a ti mesmo". Essa abordagem abre para uma fundamentação da moral para os indivíduos, como uma interpretação frente à existência. Caímos na objetividade e na subjetividade quando falamos de Apolo e Dionísio, referimo-nos às coisas, subjetividade como aparência e objetividade como existência. Pois é o fundamento essencial da ação do homem no mundo.

    Le Grand, não é possível conceber o mundo só na objetividade, em oposição a uma interpretação subjetiva. Mas o homem substitui a sua subjetividade em detrimento da objetividade. A nossa subjetividade carece de um mundo, uma existência, senão teríamos somente as abstrações, ou um idealismo platônico, permanecíamos somente na aparência de Apolo.

O devir, o eterno retorno, anuncia que não é possível cristalizar este mundo, defini-lo como algo permanente. Eis o grande desafio, entre a aparência e a existência. Historicamente, os filósofos sempre buscaram uma fundamentação das coisas ou na aparência ou na existência, na compreensão de duas realidades opostas e distintas. Aqueles que fundamentaram o mundo na aparência produziam um tipo ideal de mundo, algo impossível de administrar, pois concebiam um mundo abstrato. Por outro lado, fundamentavam a moral na existência, na objetividade, em uma razão, uma racionalidade desprovida de sentidos, ou de uma subjetividade que levou a criar uma moral que anulasse a individualização, o sujeito como artista, impedindo a sua interpretação. São as contradições entre essas duas visões e compreensões de mundo. Não é possível separam este mundo em categorias mais ou menos importantes, dois mundos diferentes. Apolo e Dionísio, a universalização e a individualização, a aparência e a existência. Pois Dionísio tem a intenção de nos convencer do eterno prazer da existência, e não na aparência, é um convite para irmos além das aparências.

Naturalmente, temos um apego exagerado em cristalizar valores que, por sua vez, são suscetíveis de troca. Esse é o movimento natural, os valores são substituídos por outros. A permanência dos valores é algo ainda inatingível. O grande obstáculo para a fundamentação de uma moral é a sua compreensão pura e simplesmente no limite da razão, que esbarra na seguinte questão: a moral cristalizada. Estamos mais preocupados com os fatos morais do que a valoração da vida. Essa inversão nos conduz a uma constituição da consciência possível e só enxergamos aquilo que está no limite dos valores em que estamos inseridos. Essa é uma visão reduzida e limitada da moral. Ainda, permanecemos na esperança de que alguém possa vir em nosso socorro algum dia, libertar-nos dessa visão e nos apresentar outros valores. Eis a fantasia que alimentamos na modernidade, que um profeta possa abrir as portas para outros valores, outra religião, outras culturas e outra sociedade. Essa multiplicidade de visões e interpretações subjetivas coloca na pauta do dia os problemas que teremos que enfrentar com as transformações e mudanças da moral colocada a partir do pressuposto da valoração. A moral não é algo dado, cristalizado como uma compreensão de um fenômeno. Precisamos abandonar os pressupostos morais, definidos, preestabelecidos para aquilo que não podemos manipular. A subjetividade moral e as possíveis interpretações da vida.

A modernidade despertou em nós a consciência de que existem muito mais morais do que imaginávamos. Portanto, esmoreceu aquela ideia de uma fundamentação universal e, com ela, abandonamos aquela fé ingênua na moral dominante, a moral dos senhores.

A justificativa moral partia dessa compreensão, entre o instinto e a razão, e em ambas os pontos se dirigiam naturalmente a uma meta única, ao bem e a Deus. É um equívoco apelar somente para o racionalismo e o objetivismo como a única justificação moral, pois essa é uma compreensão objetivista da vida e limitada. Esse foi sempre o desejo da humanidade, buscar uma moral como algo que dirigisse a nossa vida para nos promover a felicidade, domando os nossos instintos e afastando-nos do perigo, e exercitando a prática da prudência em uma moral aristotélica e teleológica.

A moral não está para nos proteger, mas em promover a nossa consciência acima do rebanho, pois o dia em que o homem não tiver mais nada a temer e a sua consciência estiver livre, onde estará a moral? Corremos um sério risco quando os sentimentos humanos não são puros e verdadeiros e podem criar valores. Não se espante que muitos valores que nos orientam tenham a sua origem no ódio e no ressentimento. E, ainda, moldam a nossa consciência, domesticando a nossa natureza ou desumanizando-a.

A constituição dos valores passa pela construção histórica do castigo, a punição na cultura, na religião, atribuindo a isso os critérios para a domesticação humana. Mas o que deve educar o homem não é a dor, nem o castigo, mas a vontade e a razão. A moral passa por interpretações provisórias, que mudam à medida que os olhares sobre os fenômenos mudam. Aqui é travada a batalha no campo moral. Queremos manter fixo aquilo que é devir, mas não há nada que mude tanto do que o mundo moral, não sendo possível cristalizar o mundo moral.

Ipse dixit,[4] São Jerônimo: *vicina sunt vita virtutibus*.[5] O controle sobre a ação do homem sobre os seus sentimentos e a sua razão tem por pano de fundo esse ideal ascético, de controlar o homem e seus desejos e transcende-lo a um plano superior, com fins divinos. Essa influência em fundamentar a moral com ideias divinas sempre esteve presente segundo a história da humanidade. Portanto libertar o homem de uma interpretação divina sobre as ações humanas, de uma concepção moral fora de uma razão divina, a passagem da ação divina para uma razão humana, a interpretação sobre a vida que passa pela ótica da razão humana a uma subjetividade. Eis o que nos propõe Zaratrusta, Le Grand.

Dionísio contrapõe a toda narrativa da criação. Ele representa a imprevisibilidade, é o deus do imprevisível. Dionísio não tem, no ato de criação, uma objetividade, mas da emanação, como colocava Plotino sobre a origem do universo. Contra a concepção apolínea. A emanação como ato criador é bem diferente das narrativas tradicionais. O ato de emanar não gera consciência do criador, é um ato espontâneo. Motivo pelo qual Plotino foi rejeitado na sua teoria da origem do universo. Quando Dionísio cria, ou melhor, emana, ele não tem consciência do ato da criação e nem da criatura. Ora, se não tem consciência pelo ato criador/emanador, não há possibilidade de colocar nenhum *têlos* em suas obras. Não vamos encontrar uma lógica, não há um fim, muito menos uma felicidade no final de cada ação de Dionísio, não há uma determinação do por que das coisas. Não há possibilidade da metafísica, da ciência, da moral, das religiões, isto é, o niilismo. Não somos *dominus* de nada. Nessa narrativa da origem do universo não há uma hierarquia entre as coisas, da maior ou da menor importância. Estão todas no mesmo nível. As estrelas não são mais importantes ou menos importantes

---

[4] Ele disse.
[5] Perto da vida, perto da virtude.

do que as formigas e o homem não é mais ou menos importantes do que as ervas do campo. Quem é o senhor do universo? Responderia Dionísio: "Ninguém!!!".

O princípio da imprevisibilidade nos tira do sono apolíneo. Grita Dionísio: "Acordem, homens, desse sono!". A imprevisibilidade nos leva a descobrir o *têlos* das coisas e não impõe a elas um fim que atenda aos nossos interesses. Eu já denunciei isso na "Gaia da Ciência", o que gera o conhecimento é o interesse, o qual é a órbita da nossa razão.

A imprevisibilidade nos força a compreender o mundo como ele é e não como gostaríamos que ele fosse. Não temos o direito de alterar o mundo em função dos nossos interesses. Não somos senhores do mundo. Nós vivemos no mundo como algo estranho, inóspito. Temos a certeza de que não somos daqui e queremos voltar. Aliás, não somos de lugar algum. E achamos que o mundo pode ser melhorado. Melhoramos tanto o mundo que o colocamos em risco. Não se melhora o que é impermanente. Pensando nessa linha de raciocínio, Edgar Le Grand, tudo está por construir na desconstituição. A única certeza que temos é a impermanência do mundo, o eterno devir. O paradigma transcendental já deu sinais da sua falência, o princípio da previsibilidade também. O que proponho, meu amigo, é o uso do meu martelo, nada resiste a uma crítica. Temos que nascer de novo, de um novo espírito, e que esse espírito seja dionisíaco.

A multiplicidade de interpretações transformou-se no antecedente da pós-modernidade, pós-metafísica, pós-tradicional e de múltiplos caminhos e, mais à frente, na vontade calculante dos valores. O homem busca uma resposta para a falta de sentidos e transforma essa ausência em si mesmo. A subjetividade é uma forma de conceber a Filosofia, na qual recupera a possibilidade da interpretação, que implica na conversão do pensar em opiniões individuais. Isto é, uma possibilidade de pensar diferente. Uma constituição da subjetividade da vontade de poder como razão imaginativa, os múltiplos caminhos.

Mas o que significa pensar? Encontraríamos diversas respostas: um pensar gerador que amplia os desertos e que nos conduz às reflexões e às inflexões sobre as contradições. Um pensar que nos remete ao eterno retorno; um pensar que interpreta o ser como valor. Na história da metafísica, o niilismo é um pensar da desvalorização dos valores supremos. Por isso, o ponto máximo do pensar é a substituição do ser pelo nada na história e a concepção da interpretação como vontade calculadora dos valores. Por isso, a Terra é o ponto de partida para os valores, para a concepção da pura potência exercida pelo homem no mundo. Consequentemente, figura, para o homem, é o *Übermensch*, representando a figura suprema da vontade de poder.

A subjetividade parte do contexto da superação da metafísica tradicional, que elabora um conceito de homem, transformando-o em subjectum, que se torna o centro das referências das coisas que, por sua vez, transformam-se em objectum. O sujeito representacionista converte o mundo em sua imagem e semelhança, e as coisas, na medida em que são estabelecidas pelo homem que as representam. Portanto projetamos valores como condições para a nossa conservação e superação, a vontade de projetar nossas próprias condições em uma vontade calculante de nossa própria intensificação. Uma representação da vontade de poder como subjectum supremo incondicional; é o *Übermensch*, um sujeito, super-sujeito, no qual a razão se coloca a serviço de uma razão atuante, isto é, a representação do querer é uma representação incondicional, já que a vontade de poder não quer a vontade fora de si mesma.

A partir dessa inversão da subjetividade do ato de representar em subjetividades da vontade de poder, a razão perde a sua antiga hegemonia como via para o projeto do homem. A meu ver, o pensar é uma ideia, a ideia da vontade de poder como vontade calculante em operar a subjetividade representativa do homem.

A imaginação é a força multiplicadora de sentidos que possibilita, uma vez, destruir as metafísicas monoteístas, tradicionais e modificadoras do conceito, que impedem a continuação da recreação das perspectivas. Pois essa recreação é o operar de um supersujeito representativo que exerce o domínio sobre as coisas; é um sujeito deliberado, que abre para conceber o sujeito múltiplo à livre interpretação, que destrói constantemente o domínio da razão para libertar todos dos sepulcros. "Uma luz se acendeu para mim: é de companheiros de viagem que eu preciso, e vivos – não de companheiros mortos e cadáveres, que carrego comigo para onde eu quero ir".[6]   O subjetivismo trabalha com a ideia de verdade como sendo útil, uma compreensão provisória frente à noção de certeza própria do pensar representativo.

O espírito livre é aquele que pensa sempre o novo, pensa as coisas velhas, pensa fora de seu tempo, dos valores e de sua época. Talvez, um dos fortes argumentos para romper com a consciência judaico-cristã seja o espírito livre, essa perspectiva do rompimento com a estrutura, com o seu tempo, com as ideias, com a cultura rompe-se com tudo isso. Uma busca racional, e não mais pelo hábito, a tradição e a fé. Uma busca pela verdade e não pela posse da verdade. A consciência moral nos conduz dentro de uma lógica da posse da verdade, na qual agimos e fundamentamos todo o pensar e a concepção de mundo.

---

[6] NIETZSCHE, Friedrich. *Ainsi parlait Zarathoustra*. *Euvres philosophiques completes*. v. IV. Paris: Gallimard, 1971.

O espírito livre rompe com essas certezas e nos lança em uma posição de busca. Para tal, faz-se necessário romper com as opiniões do rebanho, libertar-se da tradição, seja com felicidade ou com fracasso. Portanto as instituições, a tradição e os elementos culturais existem porque temos fé neles, e acreditamos neles, e deixaríamos de existir se a nossa fé desmoronasse. A ausência de razões também dá vida longa ao mundo. À medida que busquemos razões para esse mundo, muito do que há deixará de existir. Basta acreditar em outras coisas para que possa ter existência, mesmo sendo falso, continuaram a existir. A busca de uma razão para a existência faz com que ela exista independentemente da minha fé e se sustente por si só, e que se aclare para todos essa verdade.

A ausência de razão também produz um mundo, da mesma forma que a razão, a diferença, estão nas consequências, e são as consequências das quais fugimos que arriscamos quando assumimos esse caminho. O que espera Aviador ao desenhar uma jiboia, um carneiros, elefante e chapéu? Colocá-los um *têlos*? Ou, simplesmente, presentear a humanidade com sua obra? Isto é, um princípio socrático, eis a questão! Terás que decidir, meu aviador, entre Apolo ou Dionísio. O que vemos é que você escolheu Apolo, por isso julgou-se incompreendido pela humanidade, frustrado, e carrega com você a dor da sua escolha até mergulhar no silêncio da sua consciência, no deserto da sua existência, e descobrir o peso da sua escolha. Há momentos em nossa vida que não há como fugir de nós mesmos. Há encontros que não podemos adiar e nem evitar. É chegada a hora de encontramos com tártaro. O deserto, de certa forma, espelha a mais profunda experiência da nossa existência. Observe que o deserto está presente na vida de muitos – Zoroastro, Gautama, Jesus, Maomé e você, aviador –, o que também não é diferente com ninguém. Bom, sabemos que é uma metáfora esse encontro. Ele passa lá, no mais profundo da nossa consciência, e por capricho dos deuses estamos sozinhos, como os nossos *daemones*; estamos nus e expostos às nossas fragilidades. Não há como fugir dos nossos *daemones*, é a hora de enfrentá-los. E eles aparecem naquilo do que temos mais medo. Esse é o problema do deserto, meu aviador, estamos sós, e só encontraremos a paz se a ele nos entregarmos.

Nós fundamentamos a nossa ação a partir de algum pressuposto, por isso que toda vez que mudamos esse pressuposto, necessariamente mudamos a nossa ação. E essa visão é particularista. Sempre temos essa preocupação com a origem do homem que, necessariamente, leva-nos a um fim, e é a partir daí que surge toda concepção moral. Bem sabemos que não existe a ideia de fim. Nós a inventamos em função da nossa finitude e das nossas angústias.

A existência humana está associada a um todo, o homem está no todo. Não podemos julgar, medir, comparar e condenar a existência do homem, pois isso equivaleria a julgar e condenar o todo. O que faz o homem merecedor de tais benefícios? A própria construção do conceito de homem, religioso, social, filosófico e outros mais. Atribui-se a existência do homem a esses fatores. Se a sua existência está ligada a esses fatores, trocar a relação de dependência e culpabilidade dos seus atos não resolveria nada. A existência humana não está ligada a esses fatores, pois o homem não é a consequência duma intenção própria, duma vontade, dum fim; com ele não se fazem ensaios para obter-se um ideal de humanidade, um ideal de felicidade ou um ideal de moralidade. Seu ser para um fim qualquer.

Afinal de contas, quem está no deserto, a humanidade ou você? Acredito que é a humanidade, pois é ela que está sendo julgada. Não é isso que o Pequeno Príncipe veio fazer na Terra? Preanunciar o juízo final dos nos sentimentos apolíneos? E a humanidade, objeto das suas críticas, a qual você quer desconstruir. Meu aviador, tal atitude se assemelha ao estágio do camelo, que tenta docilmente a reconstrução, o que acredito não ser possível. Você teria que reconstruir a humanidade, mas, antes, deverá usar o meu martelo, para colocar à prova o que da humanidade vale a pena ser reconstruído. E, como uma criança, reconstruir a partir da espontaneidade dionisíaca.

Meu aviador, o seu daemon é muito grande, é uma guerra contra todos, uma guerra de Titãs. Por que se preocupa tanto com a humanidade? E não com a sua? Não cabe a você responder por ela, somos responsáveis pelas nossas escolhas, pois são elas que moldam a nossa vida. E são as nossas escolhas, devemos suportá-las, e com amor.

A vida é um fluxo! Vive melhor quem for leve e se deixar levar com a consciência de que tudo muda tudo, tudo é um eterno devir. Não dá para levar a vida tão a sério, nem tudo tem uma lógica, como queriam Aristóteles, Descartes e Kant. Não há uma relação de causa e efeito. Se assim o fosse, eu seria obrigado a acreditar na existência de Deus. Não é possível fixar a sua existência na relação de causa e efeito, criador e criatura. Como já falei, talvez o mundo não seja criado e, sim, emanado. Por que não podemos acreditar que Deus exista sem estar preso a uma lógica de causa e efeito?

Estamos aprisionados muito mais às garras da linguagem e, principalmente, da gramática. É preciso romper com a linguagem e a sua gramática. Alimentamos a existência de Deus mais em uma prática discursiva do que uma prática racional. Talvez ele deixe de existir quando a linguagem e a gramática se ocupar só do mundo. Talvez o sistema lógico-ético-moral que criamos não fará mais sentido, e se isso não existir seria demais para a nossa frustração que Deus não é a imagem e semelhança que criamos. Seriamos, então, obrigados, por uma lógica sem causa e efeito, fazer o bem sem esperar uma recompensa? Amar sem ser amado? Fazer o bem sem ter o céu? Complicado, não é mesmo, aviador? Sempre esperamos um reconhecimento das nossas obras, do que fazemos. Aliás, foi isso que te levou a uma experiência no deserto com a criança adormecida dentro de você, salvar a humanidade.

A criança, em sua essência, ainda sem a socialização dos nossos valores e da nossa lógica-ética-moral, pensa em um mundo de pura vontade, sem representação. A criança, por exemplo, brinca brincando, ama amando e vive vivendo... Ela é!

A objetividade passa pelo confronto com outras objetividades e se traduz pela subjetividade coletiva. É algo em processo, que carece de interpretações, e não é somente fruto da razão e nem dos sentidos. O mundo no qual vivemos está em constante devir. Outras objetividades e subjetividades concorrem com e para a construção da moral e, principalmente, os indivíduos que usam da linguagem para a ação moral.

A interpretação que fazemos do mundo é subjetivo fruto da nossa livre interpretação. O mundo que criamos é o mundo em que vivemos. Ser senhor desse mundo sempre foi o nosso sonho. Nós buscamos sempre a harmonia, a tranquilidade, e queremos controlar tudo. Isso será possível? Essa subjetividade relativizada está associada historicamente aos sábios da antiguidade, às religiões e, principalmente, aos religiosos e aos virtuosos. Esse mundo não existe ao ser contrastado com a realidade. Ele rui e desmorona. Foi o que aconteceu com a moral, fundada em "mundo-verdade", em mundos particulares, subjetivos e escatológicos como promessa de vivermos aqui o que viveremos lá. Em outras palavras, são mundos inacessíveis e indemonstráveis e incompreensíveis. Para que servem esses mundos se não se preocupam com o nosso mundo? Não há moral fora do nosso mundo. Não se esqueça: se não podemos descrevê-lo, não será possível a sua existência. A ação só existe no mundo a que temos acesso e podemos compreender. Toda ação fora dessa realidade não nos obriga a nada, é inútil e supérflua, e poderá ser refutada por todos. O mundo da vida é o primeiro a desmoronar o mundo das aparências, e é sobre o mundo da vida que deveriam se preocupar os filósofos e, daí, sair os fundamentos morais das nossas ações.

É necessário, às vezes, cair e tocar o chão, de preferência com o ventre, como fazem as serpentes. Elas estão mais próxima daquilo que é verdadeiro, o chão, diferentemente das águias. A imagem da serpente aparece duas vezes no texto de Saint-Exupéry. Le Grand, inconscientemente, busca no mais profundo esse arquétipo da águia e da serpente, presente na narrativa do paraíso. Mas, antes disso, vou ater-me à queda do piloto no deserto. Dionísio é um deus da loucura, é o deus da queda, que foi expulso do Monte Olimpo. Um deus sem memória, que sofre de amnésia, é como um despertar do sono, e para recuperar a memória precisa entrar em estado de transe. Isto é, a comunicação com o lógico e o ilógico, razão e emoção. Portanto a loucura, os conceitos apreendidos, não aparecem nesse momento. É uma festa quando Dionísio recupera a memória, recupera o seu ato animador e a todos realiza os seus desejos e opera milagres. Nada segue o curso natural das coisas. Aliás essa é a definição que se tem de milagre, aquilo que sai do curso natural. Não espere uma lógica apolínea no ato da criação de Dionísio.

A vida é a arte que impulsiona a existência e que o homem se apaixona a cada instante. Por isso ela é arbitrária, ociosa e fantástica. Assim, a arte denuncia um espírito que, um dia qualquer que seja, colocará a interpretação e a significação morais da existência. Uma oposição entre a vida e a moral. A moral é a decadência, ela surge para pôr fim à vontade, impede as mais belas transformações humanas. A arte é uma ação de confronto com a moral. Quando buscamos a vida, tornamo-nos amorais, pois a vida pulsa e é inevitável que seja amoral.

A vida não tem que ser sentida como indignação de ser desejada, como não válida em si. A moral conduz o homem ao sentido de negação da vida, da vontade, conduzindo à decadência e ao aniquilamento. Uma busca pela vida, pela vontade, recupera o sentido na cultura. Quando a recuperamos por meio da arte, o otimismo e valores para a vida, a transmutação de valores, a isso eu chamo de dionisíaca, a tragédia. A paixão pela vida, pela arte, pelo mundo e pelo viver. Ao contrário do que muitos colocam, sou um otimista em relação à vida, um apaixonado pela vida, pelo homem e pelo mundo. Fora com as palavras otimismo e pessimismo utilizadas até à sociedade!

Caro, aviador, a queda é recuperar a consciência, é como entrar em transe no ato criador do artista, parecem não fazer sentido suas obras. Obras não são conhecidas e nem reconhecidas por ninguém. Um adulto que representa o mundo como uma criança! O artista é espontâneo, deixa aflorar sua ingenuidade criativa. Para o artista representado no piloto, a queda é um recuperar a sua consciência criativa. O artista sonha ao criar, está livre para criar, liberta-se dos grilhões que o prendem. O artista não cria para ser compreendido e muito menos para ser aceito. Cria porque não é possível não criar! A criação é espontânea, sem um *têlos*, sem um fim em si mesmo.

São os artistas apolíneos que têm essa intenção antes do ato criador. Imprimem em suas obras um sentido e esperam reconhecimento e compreensão. Suas obras criadas ainda lhes pertencem, há sempre uma relação moral, de posse, de poder sobre suas obras. Diferentes dos artistas dionisíacos, que criam porque não há como não criar. Não há um engendramento, nada que precisa ser sentido. Somente criam, meu caro aviador. Não se desespere com suas criações e seus objetivos. Crie somente!

Criamos um amor que não podemos suportar. Vivemos com essa saga! Não é dos deuses a virtude mais nobre, o amor! Não somos frutos da sua criação? Da qual eles tiveram que nos suportar? Amar é abandonar, essa é mais uma lição do Pequeno Príncipe. E porque não podemos cuidar, então abandonamos. Em relação ao que amamos, caprichosamente carregamos essa culpa, a do abandono. É o que move as ações de tudo, de todos, inclusive dos deuses. O amor tira-nos da lógica e leva-nos para a emoção, tira-nos de Apolo e lança-nos para Dionísio. O amor é contraditório, é desmedida, é loucura. O amor é exigente, mas também é gratuidade, felicidade, infelicidade. Ele cria, mas também consome, causa admiração, mas também inveja, leva-nos à loucura!

No banquete preparado para Sócrates na casa de Agatão, enquanto o esperavam colocaram em discussão as formas do amor. Mas, antes, contou a narrativa do mito da alma gêmea. No início, os homens eram andróginos. O que temos: um eram dois, o que temos dois eram quatro, e tínhamos uma forma esférica. Éramos dois, um acoplado ao outro, e vivíamos felizes e em harmonia. Éramos completos, mas os deuses não eram andróginos. Ao observar os homens, a sua felicidade, sentiam-se ameaçados pela nossa felicidade. Convocaram uma reunião com Zeus e exigiram a nossa separação. Zeus deu-nos um sono profundo e nos separou, colocando cada um em um canto, em um lugar diferente. Passado o sono, acordamos, olhamos para o lado e percebemos que estávamos sozinhos, que faltava algo. Tomamos consciência da dor mais profunda, que o amor pode deixar, a sua ausência, o seu abandono. Tal dor nos rouba a nossa paz, e como não dá para ser feliz sem a paz, saímos em peregrinação para encontrar a nossa cara metade, a nossa alma gêmea. Eis a nossa saga imposta pelos deuses. A felicidade é fruto da procura incansável. Devemos passar pelo vale da infelicidade, das incertezas e do sofrimento para merecê-la.

Os deuses caprichosamente esconderam a felicidade além das aparências. Não a encontramos com os olhos, com a riqueza e o poder. Criamos fórmulas racionais, feita da razão humana, seja ela qual for, para encontrar a felicidade, seja a de Kant ou a dos cânones das religiões. Toda fundamentação parte dessa compreensão empirista do sujeito, do qual concebemos a felicidade, como a felicidade das coisas, o mundo da vontade e o mundo dos espíritos. Essa compreensão humana de mundo abre para a multiplicidade de princípios ativos. O nosso projeto de felicidade é fruto desse mito em torno de três medos: a vontade, o espírito e o eu.

Toda noção de moral é constituída a partir da ótica do sujeito, que não deixa de ser uma compreensão de seus medos. Se a noção de moral é construída a partir desses medos, quais desses medos devem ser tomados por universal? Até que ponto um sujeito pode apreender o mundo a partir de seus medos? E por que o Pequeno Príncipe nos leva a essa reflexão?

Por isso a necessidade da investigação das origens desses medos que fundamentam a nossa subjetividade carece de melhores esclarecimentos. Com frequência há uma troca de causa pelo efeito e de princípios pelo fins. É o que vem acontecendo historicamente com a felicidade humana. Os homens buscam a paz, o prazer, a harmonia, isto é, sem sentido. O que nos leva a uma condição da consciência como causalidade dessa condição de sentimentos, de que somos ou não merecedores, de que cumprimos as regras preestabelecidas para aclarar a felicidade.

Quem prega o sobre-humano é Zaratustra, que atua como máscara profética/poética. Contrariamente ao que poderíamos pensar, Zaratustra não está falando de um super intelecto imerso em uma massa de músculos ou de qualquer outro evoluído espécime da humanidade. Na verdade, ele fala de todos nós, homens e mulheres. Somos super-homens potenciais. Para isso não precisamos de mais ginástica ou algum elixir da inteligência, mas de coragem e vontade, já que nossos maiores obstáculos são o medo e o hábito.

A inclinação para o poder é a força motivadora básica de todas as coisas viventes. Poder não significa força bruta ou dominação sobre outros e, sim, algo próximo a destemor. Somos primariamente motivados pelo desejo de poder, é o que mais admiramos ou imitamos; a auto-harmonia, o autocontrole e a autorrealização, exemplificadas, por exemplo, por Sócrates, calmamente tomando a taça de cicuta.

De modo geral estamos bem aquém desse *Übermensch* ideal. Longe de sermos senhores de nós mesmos, somos motivados principalmente pelo medo, pelos hábitos, superstições, ressentimentos e tudo o mais que compõe a mentalidade de escravo. Desde que nascemos somos treinados pela família, pela igreja e pela escola para nos submetermos às regras e às leis, agir segundo o padrão, acreditar em superstições e nos submetermos a vários senhores. Crescemos preguiçosos e receosos de desafios e perigos, entorpecidos para as inspirações de nossa consciência interior.

Um mundo sem padrões e costumes ou sem alguém que obedeça é assustador, então, não nos resta alternativa; a escravidão e a alienação. Podemos nos render à sociedade ou podemos superar nosso medo e nos tornarmos criadores em vez de meras criaturas. Criar é construir seu próprio entendimento do mundo em constante mudança; ser criatura é submeter-se ao entendimento do outro.

Toda linguagem é uma interpretação mais ou menos inspirada em um tipo de mentira. Se a linguagem engana, então é melhor – mais verdadeiro e real – construirmos nossos enganos. Isto é, ser *Übermensch*. O homem superior, em vez disso, vive a vida sem ressentimentos e está realmente pronto, se a situação assim o exigir, para servir bem ou para liderar. Controlando nossas paixões e canalizando a nossa vontade, assim estaremos acima do humano, criaremos a arte e a filosofia, assegurando vida, alegria e todas as coisas boas.

"Já ouviu falar daquele louco que acendeu uma lanterna numa clara manhã, correu para a praça do mercado e pôs-se a gritar incessantemente: 'Eu procuro Deus!', 'Eu procuro Deus!'. Como muitos dos que não acreditam em Deus estivessem justamente por ali naquele instante, ele provocou muitas risadas...

'Onde está Deus!', ele gritava. 'Eu devo dizer-lhes. Nós o matamos – vocês e eu. Todos somos assassinos... Deus está morto. Deus continua morto. E nós o matamos".[7]

O louco fala não do Deus de quem tem fé, O qual sempre foi e sempre será, mas daquilo que Deus representa e significa para a nossa cultura. Esse Deus é o da crença coletiva, da crença que está morrendo, tanto na Ciência como na Filosofia, que passaram a tratar Deus como irrelevante e, mais uma vez, o homem passa a ser a medida de todas as coisas.

Essa é a questão proposta pela parábola de Zaratustra, remete-nos ao nosso ponto inicial. Tudo o que é velho, habitual, normativo ou dogmático é contrário à vida e à dignidade. Eis a mentalidade escrava. De certa forma, para que um homem ou uma mulher possa viver, ele ou ela tem que matar Deus – tem que vencer o dogma, o conformismo, a superstição e o medo.

Estendo essa crítica aos valores, os quais devemos entender como os princípios aplicados nos juízos de valor. Portanto proponho a possibilidade de uma consideração artística do mundo, atividade como meio científico, uma atitude antimetafísica, antirromântica, pessimista e cética. Uma ciência histórica, para estar a serviço da Filosofia, da vontade e do poder, para conseguimos escapar da ilusão da fé na verdade. Pressupondo a validez dessa Filosofia, afirmo a possibilidade de uma crítica à metafísica, ao pensamento. Declaro Dionísio um filósofo, um discípulo dentre os deuses filosofantes. Invoco a rebelião das forças recreativa.

O mundo caminha sem sentido, não tem finalidade. Deus é, portanto, inútil, posto que nada quer. Se quisesse algo, ser reconhecido teria que assumir uma gama de dor e de ilogismo que rebaixaria o valor total do devir. A única desculpa de Deus é a Sua ausência

---

[7] NIETZSCHE, F. *Ainsi parlait Zarathoustra. Euvres philosophiques completes.* v. VI. Paris: Gallimard, 1971.

no mundo, que estaria privado, igualmente, de unidade e de finalidade, por isso não podemos julgar o mundo. Se julgamos, então é por referência de ideias eternas ou de um imperativo moral. Mas o que deveria ser, não o é; este mundo não pode ser julgado em nome do nada. A conduta moral, tal como ilustrou Sócrates, tal como recomenda o Cristianismo é, em si mesma, um sinal de decadência. Querem substituir o homem real por um homem imaginário, condená-lo ao universo das paixões na promessa de um mundo harmonioso completamente imaginário.

O homem tem por si próprio a capacidade de reconhecer o que é bom e mau? Se afirmarmos que não, justifica a construção dos sistemas morais e, consequentemente, eliminamos a vontade, o livre arbítrio e a razão. Isto é, eliminamos o homem. Eis a razão da qual eu não acredito nos sistemas morais, pois o homem tem a capacidade de reconhecer entre o bem e o mal. Mas isso não garante que ele o faça, Em outras palavras: a sua ação depende somente dos homens no mundo e um mundo imanente. É preciso saber de antemão do que se trata para se poder tirar partido dela. A subjetividade é a interpretação que os indivíduos fazem do mundo fenomênico em aparências e em contradições, mediado pela linguagem. O comportamento é o resultado do entrelaçamento da linguagem e da moral. Daí, a fragilidade da moral dentro da linguagem. Só será possível encontrá-la com o coração. "O essencial é invisível aos olhos". Por isso, uma viagem começa no coração, eis um dos maiores ensinamento do Pequeno Príncipe. Podemos até sair da nossa casa, do nosso bairro, da nossa cidade, do nosso país e até mesmo do nosso planeta. A viagem serve para levar com leveza o nosso corpo e, digo em especial, os mais incrédulos: os nossos olhos.

Assim, enchemos os nossos olhos e ouvidos daquilo que está abundante o coração. Daí, a mais bela expressão do Pequeno Príncipe: "O essencial é invisível aos olhos", o que nos leva a concluir que o invisível está presente no coração, imperceptível aos olhos. Notoriamente, toda viagem é supérflua se o coração estiver vazio da abundância! Sigam os conselhos de Zaratustra: não se preocupem com o amanhã. E é somente uma projeção da nossa memória. Não percam tempo com as malas, fotos. Mas preste atenção àquilo que é essencial ao coração, que sempre nos indica, como bússola, o impermanente. Leve tudo que está no coração, pois tudo já estará aí. No mais profundo do seu coração. Será despertado na leveza da pureza e da espontaneidade de uma criança.

Ensinaram-nos que para crescer é necessário nutrirmos. Isso também ocorre com todas as outras espécies, o que é natural. Mas quando se referem ao espírito e à alma, não é tão simples assim, nutri-los. Até a modernidade se acreditava que seria levar ao crescimento um povo dando-lhe jesuísmo e platonismo. Os dois grandes pilares da instrução do mundo ocidental. Portanto, nasce a imagem dos instrutores, os mestres, os gurus. É aquela imagem de quem nos conduz a caminhos que elevam a nossa alma e o nosso espírito.

A construção desses valores na moral judaico-cristã está em oposição entre a natureza e o homem. Constitui-se a noção de Deus em oposição à natureza e tudo que possa surgir daí. A construção de valores que conduzem à moral do ressentimento, do ódio e da vingança como medida para a justiça.

Por outro lado, ao falar da moral judaico-cristã temos que historicamente discutir a moral-judaica. Pois ela está intimamente ligada à fundamentação escatológica. O que temos é a associação de que a infelicidade e o insucesso estão relacionados à ideia de pecado. Mas a felicidade é considerada como um perigo, como uma tentação, um desarranjo fisiológico causado pelo veneno dos invejosos. A moral judaico-cristã poderia ter sido rompida se a Renascença não tivesse sido combatida por Lutero, Leibniz e Kant. Tanto a religião quanto a Filosofia foi obstáculo para a transmutação de valores. Somos determinados por morais diversas, nossas ações brilham alternadamente em cores distintas e raras vezes são inequívocas – e com frequência realizamos ações furta-cores. A ação dos indivíduos na sociedade não apresenta uma pureza, pois a sociedade é composta de um mosaico de valores, uma multiplicidade de valores, pensamentos, hábitos, ideias, e sempre buscamos cada vez mais um desses momentos diferentes, para situações do cotidiano que nos obrigam a escolher valores para situações diferentes. Isso nos conduz a realizar sempre uma interpretação do mundo e da vida de forma subjetiva, e as fórmulas morais caem por terra quando estamos inseridos no mundo da vida.

Convivemos em uma sociedade aristotélica que sempre acreditou e acredita na hierarquia e nas diferenças de valores entre os homens, portanto, dentre as diversas morais, temos a moral do senhor e a moral de escravos. E ao passar dos anos há sempre uma tentativa de mediação entre ambas. Outra contradição foi suprimir o indivíduo à massa para a fundamentação da moral coletiva. A moral coletiva é composta de indivíduos e a subjetividade não é eliminada com o surgimento da nação.

Não há elixir melhor para prolongar a vida do que o prazer nas pequenas coisas e as aparentemente insignificantes, pois isso mantém nova a criança em nós. Uma criança, quando recebe um presente, não pergunta o quanto custou, não está preocupada com o seu tamanho. Ela é pura. Primeiro abre o presente e dá aquele sorriso longo, agradece e exulta de alegria! E quando perguntamos o que vai fazer com o presente, ela simplesmente responde: "Vou brincar!". E brinca até exaurir suas forças, recomeçando todos os dias a sua brincadeira. E assim é a vida, uma brincadeira incansável. É assim que devemos olhar para os presentes que temos todos os dias, sentir prazer em todos os dias brincar com a vida. Portanto o que nos mantém criança é a brincadeira com os pequenos presentes que recebemos todos os dias. Sorria, agradeça e exulte de alegria, deixe a criança "esponteneiar" em você!

Ao apresentar-se ao Pequeno Príncipe, uma raposa se apresenta como sua tutora. Caprichosamente, os tutores querem nos ensinar o certo e o errado, mas apresentam o mundo de cabeça para baixo, apresentam-nos o lado negativo para atingir o bem. E de lá querem extrair lições que nutrem a alma e o espírito. Ensinam-nos por metáforas e alegorias. A raposa é, no imaginário, o arquétipo e a representação da astúcia, da esperteza, daquilo que moralmente não é aceito. Talvez seja o que a raposa queria ensinar ao príncipe, os caminhos tortuosos que iria enfrentar com a sua ingenuidade, sua espontaneidade. Mas, afinal de contas, quem é o tutor de quem? Parece-nos que há uma troca de papeis. Quem ensina é o Pequeno Príncipe ou a raposa? Mesmo em toda maldade humana há algo de belo, algo de delicado, que faz crescerem a alma e o espírito. A principal lição do príncipe à raposa – "Eu procuro homens e amigos" – ou, então, diria o príncipe: "Eu estou atrás da humanidade", é o que torna tudo único e especial. A individualização recupera na razão a sua espontaneidade e, ao mesmo tempo, a sua essência.

Apprivoiser é, antes de tudo, um fazer crescer o espírito e a alma. Apprivoiser é uma jardinagem, é uma arte de cultivar. Aprende-se com paciência e dedicação. É uma atividade de um monge, mas se aprende com o tempo. Uma amizade cresce entre duas pessoas quando se prepara a terra para que ela possa florescer. Assim é com o amor, a felicidade e todos os sentimentos humanos. Há algo além do que é normal a nos esperar logo ali, basta caminhar!

Eu perguntaria ao Pequeno Príncipe: "O que te trouxe a Terra?". Acho que ele me responderia assim: "Não foi a falta de pessoas. Estamos com elas o tempo todo. No trabalho, na universidade, nas ruas, nos bares, e até as que nos beijam e nos abraçam. Parece estranho, não é mesmo? A falta, a escassez, a inautenticidade. Ninguém deixa o seu mundo, o seu país, o seu estado, a sua cidade e a sua casa para buscar pessoas. Deixamos o nosso mundo pela falta, sempre pela falta. Sabe, meu amigo, até os deuses deixam seus lares em busca dessa ausência. Não encontrei em nenhum planeta pelos quais eu passei, inclusive o seu planeta, Nietzsche; Dionísio abandonou o Monte Olimpo para estar entre os sentimentos mais puros, os quais os deuses não tinham. O mesmo aconteceu com Jesus... São tantos os que deixam os seus mundos. ...O que não é diferente comigo, meu amigo... Pois é o único motivo que me leva a viajar. A falta de... Por isso, meu amigo, não se prenda às pessoas, mas à inautenticidade delas, prenda-se ao humanamente humano. O humano é livre, lindo, sublime, verdadeiro. ... Simplesmente sem forma. Aliás, Nietzsche, você teria coragem de assumir essa inautenticidade?". Eu fitava-lhes os olhos e ripostei: "O mesmo que Sócrates e Jesus, encontrar a humanidade, recuperar a humanidade perdida pela lógica apolínea. Libertá-la da razão deformada que está se constituindo na modernidade. Sou o Prometeu, sou o Buda e vou abrir a caixa de Pandora, alimentar a esperança da humanidade, libertar do sofrimento e quiçá fazer crescer o espírito Dionisíaco. Ironia da história, dois projetos recusado pelos homens. Ainda estamos nessa espera que um terceiro apareça e resgate a humanidade corrompida.... Ainda aguardamos em um ponto deste planeta o surgimento do libertador, o salvador e um Príncipe daquilo que cultivamos erroneamente sobre as nossas vidas... Mas eles não viram o profeta Zaratustra? Que já anunciou essa verdade... Cabe a nós a nossa salvação!".

Ao rebanho é dada a moral, basta seguir o fluxo e tudo ocorrerá tranquilamente. Sair do rebanho significa não seguir valores, mas agir pela vontade e pela razão. Há coisas que não estão presas aos nossos valores, acontecem independentemente e livremente. A começar pela morte. Ela é natural e inevitável. Já que não temos controle sobre ela, nós a nomeamos com vários sentidos, principalmente religioso, ou a transformamos em um projeto de vida. "O homem é um ser para a morte". Vivemos em função da morte, orientamos a nossa vida a partir do sentido que atribuímos à morte. Religiões surgiram em função de uma explicação sobre a morte, filosofias surgiram também com esse propósito, principalmente as filosofias residuais. Vivemos como vamos morrer. Mas também não temos controle sobre a vida, não há uma certeza entre causa e efeito na nossa vida. Essa lógica aristotélica não funciona mais, por isso não a entendemos. Seria muito bom se essa relação fosse verdadeira. Resolveria parte das nossas angústias existenciais. Bem sabemos que é assim que aconteceu, foge à lógica. Para controlar e amenizar toda essa contradição criamos os poderes, que nos dão a sensação de controle sobre todas as coisas. Agimos como o Pequeno Príncipe. Não é sem propósito que o nosso poder é vazio e oco. Não ordenamos nada, não controlamos nada. Mas isso nos dá a sensação de previsibilidade e segurança que apazigua a nossa existência.

Sempre achamos que somos jovens demais para amar, porque nos ensinaram que o amor é uma troca e para realizá-lo é necessário ter posses, riquezas e poder. Isso não é dado às crianças – posses, riquezas e poder – então elas não podem amar. O amor é coisa de adulto. Isso é tão sério que não as levamos a sério quando dizem que estão amando. Só acreditamos se elas amam rosas, plantas e cachorros... Achamos que isso é sempre uma besteira. Mas é a maior manifestação de amor, e amor puro, verdadeiro, sincero, e metamorfosiante de uma criança. O amor se transforma todos os dias, é preciso deixá-lo sempre livre... E compreender as suas fases, suas cores, suas dores, seus medos... Daí a necessidade de ser criança no amor... A ingenuidade de quem abraça e sopra sobre as nossas dores.

O Pequeno Príncipe, ao visitar tantos planetas, em suas viagens, simplesmente depara com a essência da modernidade. Normalmente, entendemos que evoluir é deixar algo que julgamos velho, ruim, sem alguma serventia, e adotar algo novo. Essa ideia de evolução, de substituição e eliminação está associada ao paradigma biológico em que as espécies evoluem quando abandonam estágios inferiores. E pressupõe, ainda, que a permanência em um estágio dá a ideia de involução. Dessa forma, no paradigma biológico, a evolução se dá da simplicidade a complexidade. Ora, o que nos dá a ideia que a Modernidade é mais complexa que a antiguidade? Quem, com autoridade, disse que estamos em um processo evolutivo? Entendemos a evolução como melhoramento. Mas eu coloco sobre suspeita de que estamos a passos longos no processo inverso da Antiguidade. Portanto, em decadência. Assim, a modernidade se caracteriza pela adoção do homem de Alexandria em substituição ao homem helênico, o homem da reflexão. Julgamos aqui que tal substituição é uma evolução. Até o advento da modernidade tínhamos o homem grego como modelo do homem sábio e douto. Isto é, o homem da universalidade, representada pelos pensadores da Antiguidade e reconduzida até a Idade Média. O homem sempre foi concebido na totalidade, em comunhão com a *physis* e o cosmo. Por exemplo, era dado ao matemático, ao químico, ao físico, dominar a literatura, a poesia, a música. Veja Leonardo da Vinci, Pascal e Descartes. Aos doutos era dado o prazer de dominar a arte dionisíaca, constituída na primazia da égide helênica. Como já discuti no texto "Nascimento da tragédia ou helenismo e pessimismo" o mal que Sócrates fez à cultura ocidental ao matar o mito para erguer em seu lugar a compreensão pura e racional do mundo. Abre-se aí a possibilidade do desenvolvimento do mundo apolíneo, uma racionalidade compreendida mais na forma do que na sua essência. Mas esse feito socrático fica longe do que o homem de Alexandria foi capaz de fazer com o pouco que ainda restava do helenismo.

O homem de Alexandria configurou a transformação do homem da reflexão em o homem da imitação artificial, envolto em uma linguagem erudita e vazia de sentidos, com um conhecimento que não lhe causa prazer, voltado muito mais para a busca de resultados mágicos e diabólicos. O homem de Alexandria constitui o consumidor de desejos, guiado por uma inteligência e desprovido de um espírito humano. É uma prática sintomática deste tempo, a agitação é frenética, febril, tudo consome e tudo lhe consome. É um homem que substitui a degustação da *physis* pelo consumo enfadonho dos objetos, substitui o prazer pela satisfação, por isso a ele isso lhe basta! Está sempre sozinho, mesmo imerso na *physis* e na humanidade. O Pequeno Príncipe, ao passar nos planetas, sempre encontra o homem sozinho. E não se esqueça, Le Grand, de que o pequeno Príncipe é uma criança sozinha que reluta para não se tornar um alexandrino. Por isso, o Príncipe tenta ser reflexivo. Uma das características da capacidade reflexiva é a pergunta seguida de silêncio e a resposta encubada no silêncio. Tenta fugir de tudo que consome, dos sintomas, da decadência da cultura alexandrina. O Príncipe percebeu o que incomoda o homem de Alexandria: o silêncio, ter uma opinião, perceber a própria existência o entristece.

> O silêncio é a guerra
> mais violenta que travamos conosco.
> Queremos calar aquilo que não grita,

Mas que se faz ouvir, além fronteiras.

O silêncio é tão alto,
Que nem o rugir de mil leões,
Mil trombetas, seriam capaz de abafá-lo.

É uma guerra que não tem trégua.
Nem em meus sonhos consigo adiá-la.

Então, só me resta enfrentá-lo.
Só no mais profundo do silêncio,
Consigo silenciar,
O que não silencia! Ser!

Imerso nas informações desprovidas de sal, sabor, o homem de Alexandria cria em seu ser um deserto, uma aridez cognitiva que alimenta um espírito infértil. Perdeu a intuição como princípio criativo. Pensa pela necessidade e cria por interesse. Aliás, o interesse é a órbita da inteligência do homem de Alexandria. Em cada planeta, com os seus personagens, denuncia a cultura moderna espelhada no homem de Alexandria, uma cultura que para sobreviver necessita de escravos para existir; mais ainda, a sua permanência cada vez mais transforma homens de espíritos livres em escravos, uma dependência doentia a todos os valores modernos, os contravalores. Homens apartados da sua dignidade e da ação transformadora da *physis*, que o conduzem à existência sem sentido. Querem nos constituir sem *physis*, não há o interior e exterior. Somos uma unidade existencial que a cada dia se manifesta pela vontade. Tornarmo-nos escravo quando abandonamos a única possibilidade de manifestar a vontade. A representação da *physis* e do cosmo nos torna escravos.

O homem de Alexandria é o germe da decadência da sociedade moderna que, aos poucos, começa a germinar o espírito desprovido das emoções. Ergueu a ciência desprovida de sal. O saber teórico sobrepôs-se ao saber reflexivo, o homem douto foi substituído pelo homem teórico. Eis o mundo moderno, meu caro Le Grand, eis a cultura alexandrina, que estabeleceu o homem de Alexandria como o tipo ideal, um homem teórico fundado nas forças cognitivas, na força da inteligência instrumental sobrepondo-se ao espírito humano. Apropriou-se da *physis* como um meio de serviço à Ciência, ao sucesso dos resultados mensuráveis para mercado. A continuação do ideário socrático.

Cabe aqui indagar, Le Grand: qual seria o ideal de educação para esse homem. Não se espante se algum dia as nossas escolas e universidades se transformarem em um grande negócio. Aliás, grandes centros comerciais. A questão é quem pegará o chicote para expulsar os mercadores da educação? Zoroastro? O Übermensch? Dionísio? A criança? Essa, sim, é uma tragédia anunciada, desculpe-me o trocadilho! O homem de Alexandria é o homem dos negócios. Os primeiros sinais da sua decadência é a perda da capacidade reflexiva e não medirá esforços para alcançar resultados. É uma doença que o consome e que se manifesta na sua insatisfação. É um agir desassociado do corpo e da mente, vagando com um zumbi sobre o gelo da existência. Parece animal enjaulado que vai de um lugar ao outro e nada parece fazer sentido. É uma fuga constante de si mesmo, é um adiar projetos e projetos existenciais *ad eterno*. E, por fim, não querem nada por inteiro, tudo é fugaz e perene.

Isso não faz nenhum sentido. Constituímos uma sociedade edificada em uma cultura do princípio da Ciência ilógica, da desrazão, ou melhor, de uma razão deformada. É uma doença que pode ser percebida na arte, na música, no teatro, e tem-se a pretensão de levar essa doença à universalidade. Uma cultura que produz homens eternos e famintos que se alimentam da aparência e da ilusão. Veja, por exemplo, os personagens dos planetas que o Pequeno Príncipe visitou: o rei é a representação do poder vazio que serve só a si; o bêbado representa as frustrações das suas escolhas e a inércia frente à vida na fuga da vontade; o homem dos negócios, a maior representação do homem de Alexandria, uma inteligência desprovida do espírito humano; o acendedor de lampiões, com o seu trabalho inútil, mas que não tem a consciência disso. Quanto trabalho inútil nós realizamos? Mas não temos coragem de abandoná-lo. É sem sentido! Damos sentido ao que não tem sentido para fazer sentido às más escolhas; o geógrafo representa o homem da informação, teórico desprovido de sabedoria e sem prazer no aprender; o astrônomo, a padronização do saber e o conhecimento válido. A Ciência tem cor, nacionalidade e origem, ainda permanece europeia; e, por fim, o vaidoso, a representação do espelhamento da cultura alexandrina, sepulcros caiados, mas putéfro por dentro.

São personagens à procura de uma cura, pois renunciaram à vontade à vida, estão presos às algemas do prazer e, mais ainda, têm a ilusão da cura da ferida eterna da existência. O peso da existência configura em fuga como experiências da existência inautêntica. Para o homem de Alexandria tudo se dissolve, tudo é efêmero, passageiro, não escapa nem a própria existência. Projetos inacabados a que resistimos todos os dias em revisitar. Pois é necessário revisitá-los sim, todos os dias. Devemos dizer sim às velhas e às novas escolhas. Mas isso é angustiante, tomar consciência de que todas as manhãs podemos ser diferentes. Somos seres em construção, não há um ideal de perfeição. Aliás, não há ideal. O que há é o ser!

> Todos os dias um daemon
> Me acorda, e sempre
> me faz a mesma pergunta:
> – Vontade ou representação?
> Tento enganá-lo,
> Mantenho-me acordado,
> Acordado, vou à loucura!
> E na loucura tomo consciência
> Da inautenticidade da minha existência.

E de onde virá a cura? Dos céus? Das religiões? Da Filosofia? Quem dera soubesse a resposta antes que *Daemon* me acordasse, Le

Grand! Talvez ainda precisemos nos desejar como seres existenciais, conhecer o ser de possibilidades que somos e renunciar à erudição supérflua da cultura raquítica e franzina que não suporta a arte dionisíaca. Assim poderemos sair da ilusão, da vontade e da dor. Sepultar de uma só vez a cultura guiada por uma educação abstrata, costumes abstratos, vida abstrata e existência abstrata.

O sentido da vida não pode ser apreendido e indicado somente por uma pessoa. Não cabe, a meu ver, ao Pequeno Príncipe, o anúncio como o salvador da humanidade. Toda vez que elegemos um indivíduo como a possibilidade de resposta aos males da humanidade, escolhemos um valor e um único ponto de vista. Dessa forma há uma sobreposição sobre os demais valores. Quando Sócrates assumiu a sua postura de filósofo, juntamente com ele vieram os seus valores, e um dos valores marcantes foi a dialética, um processo de argumentação lógica para demonstrar aquilo que ser quer por meio de ideias e afirmações. Antes de Sócrates a dialética era entendida como um antivalor pela nobreza, era um valor praticado pelo povo.

Se o Príncipe nos apresenta uma verdade sobre a condição humana, pressupõe que tal verdade passaria por uma autoridade. A questão é até que ponto o Pequeno Príncipe tem a consciência da fragilidade dos valores que ele nos apresenta como possibilidade da reconstrução da humanidade? Se falarmos de autoridade, perguntamos a origem dos valores indicados, acenamos para a força do poder como possibilidade de que as instituições asseguram a responsabilidade de reconstruir a humanidade. Resta também saber que instituições são essas? Se falamos da tradição, então acenamos para os grandes homens e heróis, exemplos de virtudes. Cabe saber quem o Pequeno Príncipe indica como exemplo de virtude.

O PEQUENO PRÍNCIPE nos aconselha o caminho do moralismo, a imitação para viver e ser feliz. O que me parece ser um atentado contra a razão e a sua capacidade de diversidades. É necessário romper com essa tolice e apelar para a razão sem perder a natureza humana. O apelo do Pequeno Príncipe ainda permanece na tentativa de cristalizar valores. O processo é o inverso, como já apresentei essa discussão no *Übermensch*, o rompimento dessa visão reducionista.

Há a necessidade em deslimitar esse mundo condicionado e abrir as portas para a possibilidade da transmutação dos valores, a multiplicidade de visões e interpretações subjetivas. Novamente, cairmos na tentação de buscarmos fórmulas mágicas de princípios da reconstrução da humanidade. Tais fórmulas são um posicionamento moral e toda moral objetiva cultivar o homem na retidão, dar forma para a natureza e os seus instintos. Não deixa de ser um tempo de tirania contra a natureza, portanto, é um jogo entre a coerção e a liberdade.

O Pequeno Príncipe não consegue nos libertar da busca constante em dar sentidos às coisas, à existência humana, mesmo não tendo sentido. E é isso que nos angustia: saber que as coisas não têm sentido, eis a origem dos problemas da humanidade. Ora, se as coisas não têm sentidos, nós as interpretamos à nossa maneira. Portanto a subjetividade é inerente à nossa existência e nós, então, vivemos de opiniões sobre as coisas. É um pensar diferente, constituído da subjetividade da vontade de poder com uma razão imaginativa. Portanto é uma subjetividade de múltiplos caminhos. Tal subjetividade amplia os desertos que nos conduzem às inflexões sobre as nossas contradições, que nos remetem ao eterno retorno. Essa prática nos aprisiona cada vez mais e não conseguimos nos libertar em interpretar o ser como valor.

Sugiro ao Pequeno Príncipe um enfrentamento ao niilismo, um pensar da desvalorização dos valores supremos. Por isso a Terra é o ponto de partida dos valores para a compreensão da pura potência exercida pelo homem no mundo. O niilismo denuncia a decadência dos valores de uma sociedade. E, talvez, a saída para a decadência desses valores seja a compreensão da superação do homem, o ir além do homem, o Ürbemensh. Ora, Pequeno Príncipe, que humanidade você quer reconstruir? A judaico-cristã? A burguesa? A reflexão que nos cabe aqui é a de que o homem, na sua humanidade em decadência, ainda permanece em uma fuga interminável, isto é, a sua miséria é mais sofrida do que assassinar a Deus e dar contestação que ofereça ao homem superior a possibilidade da reconstrução do seu projeto existencial, cuja humanidade superior consistiria em desprezá-la, enquanto que o homem humanitário do presente não se pode desprezar, sendo, por isso, menos desprezível.

Chegará um tempo em que será possível crer na superação da existência humana, desde a sua história desprovida da finalidade do martelo, da doutrina do eterno retorno, das consequências externas da problemática da humanidade judaico-cristã.

Uma verdade capital e inevitável, a expulsão e o retorno ao paraíso. Tememos o primeiro e alimentos o segundo. O que me parece ser o mito fundador da humanidade. Um arquétipo que alimenta os poetas, os músicos, os artistas. A origem das religiões, das ciências, da moral e aonde ancora a esperança dos desesperançados e o gozo dos que são eleitos a permanecerem no paraíso. Portanto, meu Pequeno Príncipe, é chegada a hora de retornar ao paraíso, desafio que temos que assumir quando tomamos consciência da impossibilidade do ideal da humanidade e que nos ensinaram desde a tenra idade. Percebemos a existência na impermanência à medida que ela se torna enfadonha, cansativa. Eis a questão, temos que suportá-la e amá-la com todas as nossas entranhas. Daí a fuga que tentamos sem sucesso, adiar esse inevitável encontro entre o eu e o não eu. A expulsão e a redenção do Paraíso não dependem de nós. Por capricho dos deuses estamos largados ao fluxo da vida.

É árdua essa consciência que brota da terra, que nos lança à inautenticidade do ser, viver o que já vivemos sem a possibilidade de mudanças. Tal consciência nos arrasta para o chão, para aquilo que sempre tentamos fugir, que da terra viemos e à ela retornaremos.

O encontro é inevitável com a Minoica, a deusa das serpentes. É inevitável o encontro com a serpente. Podemos até esmagar a sua cabeça, mas será inútil, pois ela ainda continuará a nos falar o que não queremos ouvir. Nem Adão e Eva foram poupados da picada da serpente. Caprichosamente, Deus a introduziu no Paraíso. A pergunta é: quem é a serpente, meu Pequeno Príncipe? Uma consciência aguçada daquilo que somos e não podemos fugir?

A serpente tem o dom de serenar a nossa consciência, em nos levar ao chão sem a dor da queda. O destino nos conduz a essa saga, foi ela quem nos expulsou do Paraíso? Não é ela, também, quem nos conduzirá ao Paraíso, Le Grand? Por que o conhecimento nos condena? Por que a consciência de que a verdade não existe nos leva à fogueira? Será por que percebemos que não há imagem e semelhança naquilo que é devir? É a serpente que desvela as nossas delusões e nos lança nus no mundo? Mas, também, é a serpente que nos reconduzirá ao Paraíso, e é ela que tem a missão de nos salvar? Veja os Judeus no deserto com Moisés quando blasfemaram contra Deus. A salvação veio da serpente de bronze. Le Grand, o bronze tem o significado místico do julgamento ou a interrupção de algo. A serpente de bronze assume as duas dimensões para os judeus. A serpente, de certa forma, recupera o sentido da Gaia e nos conduz à razão para a prática hermenêutica entre o ser e a aparência. Veja também no caduceu de Hermes, no cajado de Moisés, a serpente é quem os salva. Ao tocar a pedra faz jorrar água, ao tocar o mar o divide. Ela sempre carrega com ela a nossa salvação e a nossa cura. É caluniosa a atribuição à serpente do estigma da maldição. Nas tradições ocidentais é que a serpente está associada à negatividade. Ao contrário, nas tradições orientais, ela é uma representação de divindade, associada à sabedoria, à verdade e, em alguns casos, à ciência.

Somente em dois momentos a serpente é associada à negatividade, no Novo Testamento e no Apocalipse de São João. É muito pouco para maldiçoá-la. Há um passado longo do reinado da serpente na história da humanidade. Porque em um espaço tão curto a serpente é considerada amaldiçoada? Temos a tendência de acreditar que aquilo que está no passado e distante perde o seu significado, seu valor. E, ainda, que a verdade está sempre no presente e perto de nós.

O mal que amedronta a humanidade, o desprezo pelo passado e a supervalorização do presente como constituição moral e valorativa, meu Pequeno Príncipe, conduz-nos a uma percepção equivocada da realidade, nada é permanente, entenda isso. A partir do niilismo, a impossibilidade do ser nos afugenta para as delusões.

É inútil esmagar a cabeça da serpente.
É inevitável que ela continue sinuosamente,
A sussurrar em nossos ouvidos:
Os deuses os invejam,
A sua mortalidade!
E as suas vidas,
Elas são intensas e finitas.
Aos deuses, a eternidade
É uma condição permanente...
Sempre o mesmo...
A permanência...
Seu castigo!

Ainda, insisto em escrever!

UM EPÍLOGO

O que me persegue
É o que eu sigo, digo, escrevo,
Descrevo, inscrevo.
Rasgo, laço, desfaço.
Um daemon que me acorda
Todos os dias, do mesmo sonho
Que se repete todas as noites.
Não há o que fazer, não há como fugir,
Terei que suportá-lo todos os dias
Toda eternidade...
Terei que amá-lo todos os dias
É um fluxo que terei que seguir
Que à noite me toma como adulto e
Na manhã me dissolver como criança.